어찌 혼자 가나요

| 작가의 말 |

   칠십 계단 오르며 고졸 검정고시에 합격하고 수십 년 박힌 옹이가 빠졌습니다.
   이제 좀 편하게 살고 싶은데 펜이 끌어당깁니다.

   첫사랑의 열정으로 여린 꽃망울 맺어 놓고
   이리 뒤 척 저리 뒤 척 잠 못 이루는 밤
   긴 몸부림 끝에 한 꼬집 어설피 잡았습니다.

   하얀 한지에 햇살 비추며 바람을 그리는 심정으로 수줍게 첫 선을 보입니다.
   설익은 풋내 안겨 준 작은 기쁨이 양념 되어 달콤하고 영양 많은 과일처럼 잘 익을 그 날을 끝까지 응원해주십시오.

   지도해 주신 김전선생님 정석현선생님과 시집이 나오기까지 애써 주신 사랑하는 모든 분들에게 진심으로 감사드립니다.

| 축사 |

시집 출간을 축하 드립니다

시인 **정석현**
(前 경산시 의회 의장, 영남문학 상임고문)

사계절이 일흔 번이나 바뀐 초겨울의 바람을 안고 고희를 맞이 하여 여태 살아온 희,노,애,락을 시로 표현하여 책으로 펴냄을 진심으로 축하 드립니다.

누구에게나 살아온 삶이 순탄하지는 않았겠지만 이복순 작가의 시속에는 가난과 외로움에 홀로 몸부림치며 신앙의 힘으로 버텨온 작가의 삶이 고스란히 담겨 있습니다. 중학교 등록금을 구하지 못해 부잣집 문전마다 눈물로 돌아선 모녀의 아린 가슴을 느낍니다. 아버지의 누렁소를 상기시키게 하며 시를 낚는 오후 어느 찻집에서 시를 낚는 시인의 모습을 그려보기도 합니다. 때론 실개천에 홀로앉아 외로운 가로등 불빛 친구삼아 마음을 달래며 장백 폭포에서 통일을 염원하

며 한민족 하나 되어 얼싸안고 춤을 추는 모습을 상상하기도 했습니다

　아들 ,며느리 딸 사위 손자 셋을 업고 고희를 맞이하여 고졸 검정고시 합격하신 도전정신을 높이 치하합니다. 이제 노을빛 찬란한 만추를 바라보며 단비에 풍년이 여무는 꿈을 마음껏 이루시기를 기원합니다. 지난날 어두움을 기도로써 풀어 내시며 빛가운데 살아가시는 이복순 작가님 출판을 진심으로 축하드립니다.

| 추천사 |

정감 있는 시선으로 서경의 세계를 펼친 노작勞作의 결정체結晶體

문학평론가 장사현
(영남문학 발행인)

  이복순 시인의 시집 『어찌 혼자 가나요』 발간을 기쁜 마음으로 추천한다. 작가는 《한국국보문학》을 통해 시와 수필로 등단하였다. 이후 한국문인협회를 비롯하여 여러 문학단체에서 왕성한 활동을 하며 많은 작품을 발표하였고 공동작품집을 다수 출판한 바 있다.
  이번에 출간하는 시집은 서정적 감성과 인간미가 물씬 풍기는 90여편의 시가 정갈하게 담겨있다. 이복순 시인은 따스하고 정감 있는 시선으로 사물을 다가오게 하면서 서경의 세계를 펼치고 있다. 그의 작품세계는 대부분의 시어가 평범한 듯하면서도 비범하고, 형식과 구성이 진부한 듯하면서도 신선한 이미지와 감응력이 있다. 다음으로는 깊이 있는 관조로 사물의 실체적 진실발견과 미적 가치를 창출하고 있다. 또 모든 존재와 인식의 근거가 되는 것을 이데아적 시 세계로 이끌어서 인간이 감각하는 현실적 사물의 원형을 밝혀내고 있다. 마지막으로 향수를 통해 시선에 들어오는 사물을 세련된 언어와 정겨운 표현으로 이미지화시키면서 심상을 효과적으로 구성하여 독자와의 공감대를 넓혀주고 있다.

이복순 시인은 시적 대상을 통하여 삶의 방식과 의미를 긍정의 힘으로 바꿔 놓음으로써 치유의 기능이 되게 하는 비범한 기법을 구사하고 있다. 시 「월파정」의 경우가 그렇다. 사람들이 공원을 찾는 것은 건강을 위하여 즐겁게 산책하는 경우도 있지만, 고독한 사람들이 쓸쓸히 생각에 젖는 시간을 가지기도 한다. 여기서 시적 화자는 여유로운 마음으로 참새들이 봄소식을 안고 오게 하고, 눈 부신 햇살이 친구처럼 달려오게 만들고 있다. 그러면서 '버킷리스트 하나 빗금 치며'라는 명제를 제시하며 삶의 만족도를 높이는 모티브를 구축하면서 자연과 동화하고 있다.

시집 『어찌 혼자 가나요』 한 권 속에는 연민의 정이 서

추천사

려 있고 포용하는 너그러움도 있으며 소박한 마음에 행복을 찾게 하는 메시지가 담겨있다. 이제 '길 위에서 길을 물으며' 조용히 가라앉은 마음으로 감사의 시간들을 반추하고 있다. 또한 영성靈性, Spirituality에 의한 신앙고백적인 감성의 형상화도 눈길을 끌게 한다.

좋은 시 한 편을 만나면 참 기쁘다. 시집 한 권을 정독할 기회가 있다는 것은 더욱 귀한 시간이다. 사람마다 사물을 보는 시각이 다르고 그 사물을 통하여 가지는 세계관과 가치관이 모두 다르기에 그 세계를 탐색한다는 것은 즐거운 여행이다. 이복순 시인은 사물의 본질이나 존재의 근본 원리를 사유나 직관을 통해 해석하는 형이상학적인 시 세계를 펼쳐왔다. 여기 이복순 시인이 보여준 노작勞作의 결정체結晶體는 많은 독자에게 청량제가 되리라 생각한다.

/ 차례 /

작가의 말 /3
축 사_ 시인 정석현(前 경산시 의회 의장, 영남문학 상임고문) /4
추천사_ 문학평론가 장사현(영남문학 발행인) /6

제1부 왜 진작 몰랐을까

뻐꾸기 우는 밤 / 16

희망 / 17

새벽기도 / 18

가을이 졸고 있다 / 19

공원 둘레길 / 20

구룡포 아침바다 / 21

왜 진작 몰랐을까 / 22

남매지 둘레길 / 24

담쟁이 / 25

들켰네 / 26

백운호수 / 27

콩밭 매는 어머니 / 28

빈 의자 / 29

여명 / 30

손자 / 31

숨어 사는 행복 / 32

시를 낚는 사람들 / 33

시집가는 울 언니 / 34

옥탑 카페 / 35

/ 차례 /

제2부 그날도 울었지

자주색 감자꽃 / 38

지하철 / 39

친구 / 40

행복이 미소짓는 날 / 41

훔친 사투리 / 42

그날도 울었지 / 43

고개 숙인 날 / 44

바보는 즐겁다 / 45

반곡지에서 / 46

불기둥에 걸린 사랑 / 47

빗방울 / 48

숲길 / 49

아버지와 홍시 / 50

갈치 꼬랑데기 / 51

아이스케끼 / 52

자라지 팔각정 / 53

소풍가는 길 / 54

고향마을 / 55

제3부 은행잎에 새긴 사연

하중도 / 58

군고구마 / 59

엄마가 없다 / 60

고백 / 62

건배사 / 63

공원에서 / 64

남매지 아침 / 65

생일 / 66

눈꽃 / 67

갈대 / 68

기다리는 마음 / 69

한 꼬집 / 70

빨간 마음 / 71

산삼 / 72

셀카봉을 든 여인 / 73

쉼표 / 74

은행잎에 새긴 사연 / 75

창가에 앉아 / 76

호숫가 찻집 / 77

휴대폰 / 78

/ 차례 /

제4부 꽃사랑 눈

꽃사랑 눈 / 80

단비와 풍년 노래 / 81

등대 앞에서 / 82

소담길 / 83

모세 / 84

새벽을 열며 / 86

과학시간 / 87

그래도 가야 할 길 어찌 혼자 가나요 / 88

코다리 황태 / 89

눈물비 / 90

왜일까 / 91

잃어버린 고향 / 92

옷장 열리는 소리 / 93

기도1 / 94

기도2 / 95

떠나는 겨울 / 96

벚나무 / 97

별이 되어 오소서 / 98

사랑이 뭐길래 / 99

제5부 울지않는 꽃

옹알이 / 102
탁구 / 103
기흥호수 / 104
수선화에게 / 105
환경미화원 / 106
산책길 / 107
사랑 울타리 / 108
울지 않는 꽃 / 109
허기진 마음 / 110
월파정 / 111
애인 같은 시집 한 권 / 112
시험치는 날 / 113
선비촌 / 114
소풍 / 115
새벽이 좋다 / 116
지우개 / 117
와송정 / 118
울지마라 아가야 / 120
윈도서핑 / 122
울적한 날 / 123
동트는 아침 / 124

- 시집해설_ 김전(시인,문학평론가) / 125
- 평론_ 김왕식(문학평론가) / 152

제1부
왜 진작 몰랐을까

뻐꾸기 우는 밤

시심에 젖어 뒤척이며
잠 못 이루는 밤

사색하는 몸부림에
산통은 더해가고

밤이슬 적시는 뻐꾸기는
왜 저리 울어 대는지

첫사랑 열정으로 걷는
문학의 길

고통 끝에 안겨 오는 새싹
뻐꾸기 우는 밤엔
시가 나온다

희망

불끈 동여 멘 책 보따리
몽당연필 두 자루가 춤을 춘다

사과밭 지날 때
탱자나무 울타리 안
빨간 홍옥과 눈이 맞았다

떨어지지 않는 발길
군침만 흘리며
입술 깨물던 날

나는 커서
사과밭 집 아들한테
시집가야지

새벽기도

눈물 닦아주는 이 없어
아파도 울지 못했습니다

기댈 곳 없는 오뚝이 인생
두 손 모아 기도하는 새벽

따스한 손 잡아 주시며
나직이 속삭여 주셨지요

주님 흘리신 보혈 안에서
사랑의 손에 붙들린 축복

허물이 벗겨지는 순간
눈물지으며 다짐하는 마음

아름다운 정원 가꾸어가며
향기 되어 살고싶습니다

가을이 졸고 있다

은행 이파리 물들이며
물안개 피어오르는
호젓한 찻집

햇살 정겨운 은빛 창가
정열의 단풍
따스한 눈빛 맞추며

새색시처럼 물들인
가을이 졸고 있다

공원 둘레길

자연은
영롱한 햇살 품어
사계절 돌아가고

시를 태동하는 아가 시인
초록 동산 품은 마음
느릿느릿 돌아간다

모난 곳 다듬어 가는
한 걸음 한 걸음
서정을 불러내며

혼자 미소짓고 걷는
공원 둘레길
멋진 그림 그려 볼까!

구룡포 아침바다

백마타고 곡예하는 흰거품 위로
잽싸게 점 하나 찍고
날아오르는 갈매기

흰머리 풀어헤친 여인
소리내어 울며
바위 꼭대기에서 한을 풀어낸다

그물 붙잡고
밤바다 헤엄치던
어수룩한 중년 부부

만선에 희망 노래 부르며
삶의 한 줌 뭉클거리는
구룡포 아침바다

손놀림 바빠진 선착장
서로의 어깨 다독이며
하루를 열어간다

왜 진작 몰랐을까

왜 진작 몰랐을까
이 아름다운 이름을
새들도 노래하는 숲속에서
사랑에 빠져들고 있었다

푸르름 단장하고 손짓하는
일자산 언저리에
보물을 찾고 있는
문인들의 언어예술

사계절을 업고 앉은
인간 만사 절묘함이
빨랫줄을 타고 앉아
감성을 낚기 시작했다

시 낭송에 빠져드는 순간
처음 느껴보는 야릇함
첫사랑 감정이 밀려온다

음률에 실려 오는
바람 소리 새소리
초록 잎새들의 속삭임

문학 사랑에
흥건히 젖어 버린
내 마음의 숲

남매지 둘레길

거실에서 마주하는 남매지
오색 물들인 마음

소슬바람에
녹색 점퍼 걸치고
둘레길로 나선다

이슬 맺히는
한로를 지나는 밤
가을을 입 맞추는 사람들

달빛도 별빛도
발맞추어 걸으며
정겨운 밤이 익어간다

담쟁이

가족의 힘으로 뭉친
끈적한 사랑

흐드러진 손 내밀며
응원하는 능소화

지나가는 길손도
응원군이다

영차영차
잡은 손 놓지 않으면

저 언덕 넘어
유토피아를 만날 것이다

들켰네

설레는 가슴 다독이며
손꼽아 임 기다리는
연애 감성 들켰네

가을을 수놓으며
아름답게 물들고 싶은
소녀 감성 들켰네

사십 년 돌고 돌아
고향 찾은 새 둥지
향수병 들켰네

백운호수

오리배 한가로이
마중하는 곳
정다운 걸음마다
봄이 따라 걷는다

연초록 숲길
가슴 젖어 물들이고
연인들의 정겨운 모습
사랑이 익어간다

빛바랜 벤치
그리움 앉혀놓고
흐르는 음악 선율 따라
시간이 멈춘 오후

커피라떼 하트 속에
스며드는 그대 얼굴
지우려는 몸부림에
사랑이 앓는다

콩밭 매는 어머니

햇살은 일찍 내려와
풀잎에 앉아 놀고

흰 수건 쓰시고
콩밭 고랑 헤집으며
5남매 걱정 뜨으시던 어머니

콩 이파리 사이
파란 바람 일렁이며
엄마 땀내 달려온다

밭둑 뭉개고 다니며
식물 채집하던 어린 막내
자연 한 자락이 웃는다

살랑거리는 콩 이파리 사이
엄마 모습 보이는 것 같아
까치발을 세웁니다

빈 의자

유성구 정명교 아래
야경 길 홀로 걷는 여인
셀카봉을 든 핸드폰 메모장
시 한 편 그려진다

불빛에 아롱거리며
반짝이는 탄천
고요를 날갯짓하는 나비춤
친구를 부른다

불빛 아래 다가오는
숙박업소 마사지샵
자정을 넘는 시간
빈 의자가 보인다

누구를 기다리는가?
외로운 빈 의자

여명

꿈나라 여행 중
귓전을 간질어대는
알람 소리

발끝 차기 다리 털기…
닫힌 조리개 열리며
새벽을 깨운다

아카시아 향기 카펫 위로
동산 숲길 걸으며
여명 속에 맞이하는 새 날

성전을 향한 발걸음
미소 짓는 주님 모습
앞서 가신다

손자

가방 들고 나서는 할머니
여린 양팔 옷깃 붙잡고
아~아 소리 내며
가로막는 돌맞이 손자

급히 등 보이며
돌아서야 하는 할머니
눈물 삼키며
돌아섰지

언제 또 만날지
300km 떠날 채비
혈육이 무엇인지
뼈가 시리다

숨어 사는 행복

숨어 사는 행복을 만난 날
마음이 날개 달고 하늘 날으며
목화솜 같은 포근함에 안긴다
비우고 낮추는 곳
엎드려야 보이는 거기에
숨어 사는 행복
서운했던 감정 털어내며
먼저 안부 묻고 다가갈 때
숨어 사는 행복이 찾아온다
백 마디 말 보다
따스하게 품는 가슴에
숨어 사는 행복
빙긋이 미소 지으며
엄마 품 같은 따스함으로 마음 열 때
숨어 사는 행복
반찬 담아 문 앞에 두고
돌아서는 발길에
숨어 사는 행복이 함께 걷는다

시를 낚는 사람들

한 주 동안 샘물 파서
두레박 퍼 올리는
그곳에 가면

사계절 넘실대며
뮤즈의 샘물 솟아
설렘으로 가득하다

한 편의 시에
영혼을 살찌우는
언어예술 동아리

지성과 감성 꽃피우는
창작의 꽃밭에서
황홀함에 젖어 든다

시집가는 울 언니

목화솜 이불 싣고
산 넘어 시집가는 날

십 리길 따라가며
울며 보챘지!

업어 주고 달래주던
엄마 닮은 울 언니

팔십 년 세월
달팽이 등에 깊은 주름살

바람 소리 천둥소리
얼마나 들었을까

보고 또 봐도
그리운 울 언니

엄마가 그리워진다

옥탑 카페

백 년을 맞이하는
시골교회 작은 사택

잠든 지 오랜 새벽종
철탑에 홀로 앉아
외로이 눈물 흘린다

산등성 넘어오는
햇살 마중하는
마음 열린 작은공간

오랜만에 만난
혈육의 정
모닝커피를 타고 흐른다

병풍처럼 둘러선
초록 이파리
햇살에 나부끼는 아침

에스프레소 커피 향
흙담 넘어 마실 나간다

제2부
그날도 울었지

자주색 감자꽃

감자꽃 필 때는 어머니와
감자 캐던 생각 난다

연초록 잎 새싹 돋아
자주색 꽃피우며
미소 짓는 네 모습

주먹 같은 둥근 자식
줄줄이 숨겨놓고
능청 떨고 있었지

줄줄이 달고 오던
곳간 호미 던져놓고
잠드신 어머니

어머니 계신 그곳에도
자주색 감자꽃이
피고 있는지요

지하철

음악 소리 데리고
지하철이 들어온다
타고 내리는 남녀노소
뻥튀기처럼 쏟아진다

호반에 둥지 틀어
역세권 살다 보니
지하철 친구 되어
손잡고 다닌다

무료승차 띠리링~~
태연하고 당당함
배움의 열정
걸음도 빠르다

헐렁한 가방
학생처럼 짊어지고
오늘도 스터디카페 향하면
마음보다 빨리 가는 도시철도

친구

뒷동산에 올라
풀피리 불며
진달래꽃 물들이던
친구야

개울물에
작은 발가락 꼼지락거리며
뛰는 가슴 숨겨놓고
같이 놀던 친구야

고향하늘 달리는
구름 한 점 바라보며
그 시절 생각나
친구 이름 불러본다

지금은 어느 하늘아래서
손자 재롱 눈 맞추며
세월 더듬고 있는지!

행복이 미소짓는 날

보물을 발견한 날
행복이 미소짓고
주인처럼 찾아왔다

무지개 빛
멋진 모습이 아닌
베일 속에 숨겨진 보물

세월의 굴레 속에
구르고 깎이면서
기도 속에 얻어진 것

좋은 생각에 고명 얹어
'좋다'하며 살기로 한
이 한마디

평생 품고 살겠다고
가슴 설렌 날
행복이 미소짓는다

그래도 좋다
저래도 좋다
무조건 좋다

훔친 사투리

배불러 못 묵겠다
그라머 묵지 마라
그래도 묵을란다
배부른데 와 묵노
엄마 생각 자꾸 나이 묵지
배부른데 엄마 생각난다고
꾸역꾸역 마시머
니 속이 우째 되겠노
우째 되긴 우째 되
죽기밖에 더하겠나
배 터져 죽으머
엄마한테 가겠지
나도 엄마 있는데 가머 되지 뭐
엄마 어딨는지 니 아나
그라 머 니느 아나
니 술 끊으머 갈채 주지

그날도 울었지

가난한 시골 소녀
정규과정 진학 못 한 야간 생도
한 맺힌 옹이 박힌 50여 년

고졸 검정고시 접수 마지막 날
울다 비웃다 달래다
교육청 문을 여네

기름치고 달래며
눈꺼풀 못 내리고
기출문제 붙들고 놓지 않았네

합격자발표 된날
시험치던 긴장보다 떨리는 가슴
수험번호 1280
줄서 있는 합격자명단

평생 안고 살아야 했던
옹이가 빠진 날
그날도 울었지

고개 숙인 날

열려있는 하늘이
다독이며 하는 말

왜 울고 있니?
거리가 너무 멀어요

거리를 재지 말고
잠든 거인을 찾아라

아무도 몰래 흘리는 눈물
얼마나 지났을까

눈물도 약이되어
햇빛 비치고 꿈이 일어선다

바보는 즐겁다

바보는 즐겁다
이래도 허허허
저래도 허허허

고장난 계산기
손익 같은 건
도무지 알지 못한다

그냥 주고 웃으며
크게 한 번 웃어버리는
즐거운 바보

반곡지에서

반곡지 풀 내음 고향에 데려놓고
인동초 미소 앞에 발걸음 멈춰설 때
입 다문 야생딸기 입을 열 때 오라네

왕버들 머리 감고 임 마중 채비하는
둘레길 발맞추는 예술인 경산투어
한마음 꽃물들이며 사랑으로 번지네

닫혔던 역사문화 말문이 열려지고
또다시 오고 싶은 반곡지 둘레길에
작가들 무거운 발길 언제 다시 오려나

불기둥에 걸린 사랑

그리워할 사람도 없다면
얼마나 외로울까
그리움도 행복이지

별빛같은 눈망울
따스한 가슴으로 만난
휴게소 카페에서

마음 주고 받으며
줄다리기하는 시간
두 손 놓지 못했지

가랑비에 마음 적시며
그리움이 파도처럼
밀려오는 날

호반을 비추는 불기둥에
보랏빛 엽서 쓰며
사랑의 자물쇠를 채운다

빗방울

빗방울 굵어지면
그리움도 커집니다

어렴풋이 다가오는
임의 모습

그리우면 지워지고
지워지면 또다시 그리워집니다

그리움의 빗방울
뚝뚝 떨어지면

망부석처럼 말없이
홀로 서서 바라봅니다

숲길

사운 대는 숲속
상큼한 향기
날숨 들숨
맑은 물 흐른다

조르르 마중하는 청솔모
눈 맞추나 싶더니
요리조리 빠른 탐색
바람처럼 달아난다

아낌없이 가슴 여는
정다운 숲길
얼마를 더 가면
내 마음도 열어질까

아버지와 홍시

사랑채 황토벽
졸고 있던
사다리가 일어선다

감나무에 올라탄 사다리
아버지 손에 잡힌 막대
홍시를 달고 온다

홍시를 먹을 때면
아버지 생각나고

아버지 생각나면
고향 집
감나무 밑에 서 있다

갈치 꼬랑데기

굴뚝 연기 춤사위 그치면
두엄 파며 놀던 닭
집 찾아 들어가고

멍석 위 둘레상
오 남매 일곱 가족
나락 풋내 맡으며 모여 앉는다

숯불에 구운 갈치
아버지 상에 올라앉고
뼈째 먹는 꼬랑데기
막내 몫이다

떠내려 온 세월 뒤에
추억 안고 찾아와
그리움 물고 앉는다

아이스케끼

매미 소리 하늘 찌르면
나무통 짊어진 아저씨
골목을 누빈다

아~이스케끼 아~이스케끼

감나무 돌아 뒤 안 한 바퀴
엉덩이 치켜들고
마루 밑 탐색한다

빈 병 3개 고무신 한 짝
나무통 뚜껑 열면
몇 개나 낚여 올까

오빠 언니
학교 갔다 일찍 올까
가슴 콩닥거린다

한 번 빨고 볼 때마다
달콤한 팥이 웃고 나왔지

자라지 팔각정

동의 한방촌 앞
자라지 연못가
홀로 앉은 팔각정

사랑 꽃피워 놓고
임들 떠난 자리
홀로 외로움 안는다

따스한 마음 나누며
자라지에 내려앉던
가곡과 시 낭송

기다림 물고 앉은
자라지 팔각정
나뭇잎 하나 떨어진다

소풍가는 길

초록동산 허리길
푸른 숨소리 들으며
뻐꾸기 친구되어
교회 가는길

뻐꾸욱 뻐꾸욱~~
뻐꾸기가 노래부르며
죄지은 내 속을
빼꼼히 들여보네

죄를 자복하고
심령을 청결하게 하라는
하늘로부터 오는 소리
뻐꾸기에 실려온다

모든 것이 은혜 은혜
찬송을 부르며
푸른동산 걷는 길
소풍처럼 살라하네

고향마을

가재 잡고 고디 잡던
고향마을 실개천
물소리 음정 낮추고
주름져 흐른다

빨래터 방망이 소리
흔적조차 사라지고
아이들 웃음소리
언제 들었던가

허리춤 동여매고
물동이 찰방 찰방
돌다리 건너던 아낙들

텅 빈 고향 마을
쓸쓸한 바람이
마당을 쓸고 있다

제3부
은행잎에 새긴 사연

하중도

꽃길 정원 발맞추어
초대장 쓰며 걷는 사람들
가을을 씹고 있다

꽃향기 탐색하는 여린 잠자리
입맛 다시며 나풀나풀
꽃향기 실어 나른다

높은 하늘 이고
두레박 퍼 올리는
문인들의 서정

꽃물 들여가며
소풍 즐기는 사람들
낙동강이 웃고 흐른다

군고구마

언니네 시골마당
절임 배추 씻는 날

고구마가 익어가는
장작 꽃 불
언니와 동생 입술
숯검정 립스틱을 바른다

서로 쳐다보며
간드러 지는 웃음보
노란 살결 드러내는
군고구마

오늘이
내 인생의 로망이다

엄마가 없다

왜일까?
오늘은 엄마 생각에
눈시울 젖어 든다
가난한 시골 아낙
빈 솥 전에 눈물 흘리며
행주만 돌리시던 울엄마

오늘은
엄마 손 한번 잡아보고 싶다
엄마 온기 느끼며
엄마 냄새 취하고 싶다
두꺼비 같은 손등 비비며
문지르고 싶다

오늘은
엄마 얘기 들어주며
등도 긁어 드리고 싶다
아이고 시원해라
우리 막내 최고다
그 소리 듣기 좋아
엄마 다리도
주물러 드리고 싶다

엄마
엄마
허공에 메아리만 돌아오네

고백

동녘 하늘 물들이며
미소짓고 찾아오는 햇살

속살까지 드러내는
미세 먼지 떨고 있다

죄의 목록 껴안으며
꿈틀거리는 양심

십자가 앞에 엎드리며
내려놓는 고백

깃털 처럼 가벼워지는
밝은 날 영혼이 춤춘다

건배사

흰 거품 백마 타고
하늘 나르는
송정해수욕장 겨울 바다

성난 파도 투덜대지 마라
오염된 바다 정화시키며
순환되는 자연

윈도 서핑 즐기는 사람들
춤 잘 추는 파도 앞에
소주잔 들고 외치는

건배사
파도야
고맙다

공원에서

별빛 내려앉아
이야기꽃 피우는 밤

낮에 부산하던 공원
아이 소리 어른 소리

모두가 잠든
꿈나라 여행길

적막을 헤집고 비추는
가로등 불빛

누구를 마중하는가

남매지 아침

엷은 커튼 너머
새 날과 입 맞추는
남매지 아침이 문을 연다

정겨운 오리 가족
아침 식사준비
잠수하기 바쁘다

남녀노소 반려견
체력단련 하며
상쾌함으로 맞이하는 새날

입 벌린 매화 곱게 물들이고
실버들 가지 소식 전해오는
정겨운 아침이어라

생일

솔가지 톡톡 틔며 피어오르는
시골 마당 초록 불꽃

학교에서 돌아온
초등 6학년 오빠

마당에서 탯줄 태우시던
아버지 말씀 들었네

예~쁜
네 동생이 태어났단다

첫울음 터뜨린
흙집에서 들려오는 음성

굴뚝 연기 춤추는 하늘이고
뭉게구름에 실려 온다

눈꽃

어린 남매 손 잡고
홀로 버거워하면서
눈물 감추며 살던 너를
안아주고 싶구나

오늘처럼
목화솜 눈꽃 피는 날
너를 꼬~옥
안아주고 싶다

울면서 웃음 보였고
웃음 속에 혼자 울며
낙타 무릎으로 살던 너였지

남몰래 흘린 눈물
내가 닦아주며
무거운 짐 받아줄게

마음껏 울어도 보아라
흰 눈 같은 마음으로
내가 너를 안아줄게

갈대

이별보다 서러운 가슴
한 맺힌 몸부림이어라

누가 울렸는가
누구의 눈물인가

가슴 도려내는 아픔
누가 알까

흰머리 풀어헤치고
가을 하늘 향해

끝없이 토해내는 울음
밤새워 울고 또 운다

기다리는 마음

하루 이틀 기다림
열흘 지나 보름
연꽃이 지기 전에
임이 오셔야 할 텐데

부푼 가슴 터지기 전
임이 오셔야 할 텐데
그리움 물고 앉아
기다리는 마음

높은 하늘 내려와
찬바람 일기 전에
남매공원 둘레길
발맞추어 걸으며

감성 봇물 터뜨려
손잡고 걷는 길
첫사랑 가슴 안고
얼른 오세요

한 꼬집

첫사랑의 열정으로
싹 틔우는 아기 걸음

이리 뒤 척 저리 뒤 척
밤을 지새운 몸부림 끝에
한 꼬집 양념처럼 잡힌다

설익은 풋내라도 안겨 준 기쁨
잘 익은 과일처럼 달려올
그 날을 기다리며

너를 안고 미소 지음은
순정의 열매이어라

빨간 마음

초록의 계절을 지나
내 가슴에 불이 붙었습니다

바람 소리 알람에
한 잎 두 잎 내려앉아
빛바랜 벤치에 머무는 가을

빨간 마음 간지러워
엽서 한 장 띄우는
지난 이야기 뜨겁습니다

산삼

세찬 바람 폭설에
임 기다리며
뿌리 내려 키운 근육

발자국 다가올 때
애간장 태우며
내마음 두근거렸죠

임 기다리며
숨어 살던 십 년

내생에 마지막
그대 곁에 잠들래요

셀카봉을 든 여인

그의 손 셀카봉에
핸드폰을 끼우고 다닌다

걸을 때도 영어 단어
수학 공식 암기하는
그는 누구인가?

손자 셋을 업은
흰 머리 할머니
고졸 검정고시 수험생

칠십 계단 올라서며
교육청 문을 두드리네

삶이란
고난 속에서 피어나는
진주 조개인가

쉼표

용인에서 경산까지
중부내륙 미끄럼틀 지나
경부고속도로 달린다

눈사돈에 붙잡혀 초점 잃은 순간
앞서가는 초승달이
수안보 온천으로 유혹한다

돌맞이 손자를 뒤로하고
떠나온 애잔함
딱풀처럼 붙어 앉아
그리움 물고온다

손님맞이 방문 인사
쌓인 피로 녹이며
쉼표 하나 찍는다

은행잎에 새긴 사연

노란 카펫 위로
녹색 점퍼에 손을 찌른 채
홀로 걷는 여인

추억 한 자락 펼쳐놓고
그리움 밟고 간다

미운 정 고운 정
가슴에 묻고 사는
잊어야 할 시간들

외로이 내려앉는
은행 이파리 등위에
슬픈 사연 타고내린다

썼다가 지우고
지웠다 다시 쓰는 아픈 추억

은행잎에 내려앉는 사연
바람 등에 업혀 보낸다

창가에 앉아

포근한 햇살
봄 향기 스며드는 창가

꽃 피우는 다육이
지친 삶을 위로한다

봄은 꽃향기 실어
사랑엽서 쓰는데

내 임은
언제 오시려나

호숫가 찻집

물안개 피어오르는
호숫가 찻집
햇살 놀다간 외로운 창가

국화 향기 마중하며
가을 정취 품어낸다

오가는 눈빛 속에
정겨움이 머무는 자리

연인들의 사랑 깊어가는
어스름 저녁

레몬 향 찻잔 속
졸고 있는 가을이
첫사랑을 불러온다

휴대폰

지하철이나 버스
횡단보도 건널 때도
나를 놓지 않는 당신

밀고 때리고 찌르고
흔들기까지 하니
몸살이 납니다

자꾸 퍼담아 심부름시키니
지쳐서 토가 나오고
숨통이 막힙니다

나와 멀어지면
잠시도 마음 놓지 못하는 당신

그래도
내 주인 맞나요

제4부
꽃사랑 눈

꽃사랑 눈

휴대폰으로 찰깍찰깍
꽃사랑 눈에는
꽃만 담긴다

활짝 웃는 아가들이
꽃사랑 날개 달아
화라락 달려온다

나비처럼 날아들어
꽃들로 가득한 유월
내 눈 속에도 내 폰 안에도

그대 생각 꽃이 되어
가슴에 안겨 오는 사랑
그리움으로 물들어 간다

단비와 풍년 노래

단비가 내리던 날
목타던 나락 논에
춤사위 벌어진다
가뭄이 해갈되니
텁텁한 막걸리도
시원하게 넘어가네

구 십세 우리 형부
봇물로 달리던 길
긴 장화 눕혀놓고
팔자로 쉬는 꿀잠
코 골며 마루에 누워
풍년 노래 부른다

등대 앞에서

생일을 자축하며
떠난 여행길
사계절이 앞서간다

웃고 울던 시간
숨죽이던 추억이
앨범 속에서 걸어온다

5남매 막내
큰집 작은집 고모집
정원 속에 자라던 봄날

구포다리 야학길
별빛과 발맞추며
꿈을 키우던 배움의 열정

깜빡거리는 등대 앞에
지난 계절 돌아보며
마주하는 외로움

어느새 흰 낙엽이고
낙엽 지는 늦가을 앞에
홀로 서 있다

소담길

엄마와 아기가
정답게 걸어가는
남매지 소담길

금계국 노랗게 물들이고
수줍은 연꽃이
연지 찍고 내민다

가벼운 걸음마다
마음 꽃물들이며
코코와 함께 걷는 길

지나가던 햇살 한 줌
소담길에 멈춰 서며
행복 가방 풀고 있다

모세

내가 태어나던 날 사내아이 죽이라고
헤롯왕이 명령했네
어머니 치마폭 울음소리 너무 커서
강물에 던져졌네
가슴 깊이 스며든 엄마의 눈물방울
마지막 눈 맞추며 갈대 상자 덮였구나

정처 없이 흔들흔들
나일강 베개 삼아 떠내려가는 아기
백옥 같은 몸 강물에 적시던 공주
갈대 상자 뚜껑 열고 눈을 맞추네
헤어날 수 없는 첫사랑 같은 눈 맞춤
사랑에 빠지는구나!

갈대숲에 숨어보던 누나 미리암
쪼르르 달려가 유모를 데려왔지
누구였을까
강물에 던져버린 어머니였네
이해할 수 없는 하나님 섭리

젖꼭지 내어주며 내 민족 구원할 지도자
간절히 기도하던 여인

내 삶의 주인 되신 주님이 이끄셨네

이백만 명 출애굽 지칠 대로 지친 몸
물이 없다 물이 없다 원망 소리 빗발치네
반석을 쳐버린 순간의 혈기
느보산에 숨 거두며 두 손 모은 기도
아무도 알 수 없는 그곳에서
부활을 기다리고 있다

새벽을 열며

희미한 가로등 불빛 따라
새벽이 일어선다

부지런한 새들의
정겨운 노랫소리

쿠팡 아저씨 빠른 손발
동녘 하늘이 꿈틀댄다

지나온 시간도
맞이할 시간도

새벽으로 시작되는
행복한 마중

오늘도
소풍가는 하루가 열린다

과학시간

생뚱맞게 버티고 서는
과학문제

검은 보자기 쓰고
아리송하게 나타난다

원소기호 질량법칙
도무지 모르겠다

우주를 불러들인
고졸 검정고시 과학시간
호랑이보다 더 무섭다

그래도 가야 할 길
어찌 혼자 가나요

시간을 줄다리기하며
하루라는 선물을 안고
강물처럼 흘러가는 길
만삭된 몸 비틀며
앞서가는 시곗바늘은
도돌이표 하나 없이
따라오라 손짓합니다
오는가 싶더니 야속하게 가버린
봄 여름 푸른 계절
나의 시간은
물레방아처럼 돌아갑니다
가시밭길 헤쳐내며
비바람 불어도 가야 하고
웃고 울며 가야 할 길
빛바랜 벤치에 홀로 앉아
어설픈 미소 한 줌 얹어놓고
다림줄을 늘여봅니다
가녀린 몸 버티며
홀로 맞이하는 낙엽의 계절
이정표 찾아 나선 진리의 목마름
얼마를 더 가야 이 길의 끝인가?
혼자서는 갈 수 없어
주님 손을 잡았습니다

코다리 황태

후려치는 세찬 바람
흔들리다 떨어지면
팔순 된 아버지와
아들이 줍는다

추위에 떨고
햇살에 녹는 순환
황태로 거듭난 일등품이다

한겨울 입맛 돋우는
깊은 풍미 쫄깃한 식감

건어물의 꽃이 되어
수출길 달리는
속초 코다리 황태

눈물비

열려있는 하늘이
다독이며 하는 말

왜 울고 있니?
거리가 너무 멀어요

거리를 재지 말고
잠든 거인을 찾아라

아무도 몰래 흘리는 눈물
얼마나 지났을까

눈물비 치료제 되어
햇빛 비치고 꿈이 일어난다

오늘도
하늘은 열려있는 것을…

왜일까

장독대 정화수 떠 놓고
5남매 이름 불러가며
두 손 모으시던 어머니

무엇을 소원하시고
그리도
빌 게 많으셨는지

풍선처럼 그리움 부풀어
따뜻한 품에 안겨
울어보고 싶은 마음

왜일까

나직이 불러보는
어머니
나의 어머니

잃어버린 고향

고향을 잃은 것이
나뿐이 아닐진대
고향 잃은 명절
허허롭기만 하구나

유유히 남으로 향하는 뭉게구름
고향길 나서는데
토담이 눈물짓는
주인 잃은 폐가

하모니카 불며
굴렁쇠 따라 가버린 친구들

주름진 당산나무
홀로 고향을 지키고 있구나

옷장 열리는 소리

버들강아지 눈 틔우며
마중하는 봄소식

눈 비비는 매화
분홍 옷 채비하고

살며시 눈뜬 목련
입맞춤 기다린다

담장 개나리 긴 팔 벌리며
병아리처럼 맞이하네

마음이 앞서가는 봄꽃축제
옷장 문이 열린다

기도1

삶의 자락에서 만나는 길동무들
소중히 여기게 하소서

이웃의 아픔을 보듬을 줄 아는
따뜻한 가슴으로 살게 하소서

겸허한 인성의 길을 열어
사람이 따르는 자 되게 하소서

겸손으로 허리 동이며
남을 나보다 낮게 여기게 하소서

생수의 강이 넘쳐
모든 이들에게 흘러가게 하소서

기도2

유리처럼 맑고
바다처럼 넓은
넉넉함으로 살게하소서

예쁜 말로 덕을 세우며
부드러움 벗삼아
친구처럼 살게하소서

먼저 미소를 선물하며
그럴수도 있겠지
이해하며 살게하소서

낮아지는 자리에서
남을 배려하는 마음
가득 담고 살게 하소서

떠나는 겨울

비바람 몰아쳐
덜컹거리는 창가에 찾아와
속삭이듯 말했지

겨울이 길고
가야할 길 멀어도
봄은 오고야 말 거라고

햇살처럼 다가와
떠나면서 남긴 말
다시 길을 걷게 한다

벗나무

화려한 시절 보내고
잎만 무성한 벗나무

이파리 살랑거리며
친구를 부른다

붉은 입술 내밀고
미소짓는 백일홍

만남이 그리워
정이 깊어가는 친구

정겨운 계절 위에
세월이 흐른다

별이 되어 오소서

모두가 잠든 밤
임이시여
별이 되어 오소서

그대와 나
한 쌍의 나비처럼
살포시 안기우리라

새벽별 반짝일 때
달맞이꽃 한아름 안고

별빛 쏟아지는 호반에서
첫사랑 소녀처럼
그대 마중하리라

사랑이 뭐길래

그대 생일날
멀리서 달려간 늦은 오후

서울대병원에서
남몰래 안고 온 훈장
두 가슴 찢으며 눈물 짓게 했지

로봇이 수술하고 서빙하는
좋은 시대라지만
하늘이 무너지는 듯

카페라테 하트 속에
아픈 사연 묻으며
할 말을 잃은 침묵의 시간

고속으로 달려오는
열차예약 시간 앞에
아려오는 가슴

사랑이 뭐길래
이리도 아픈 것일까

제5부

울지않는 꽃

옹알이

뽀얀 살결
해맑은 미소
티 없이 맑은 아가

옹알이 시작하며
할미 마음 풍선 띄우는
산소 같은 아가야

반짝이는 눈 맞추며
천사처럼 다가오는
밝은 빛

세상에서 비할데 없는
사랑의 힘
닫힌 문이 열렸네

김해김씨 안경공파
세상을 밝히는 하나의 빛
겸양과 총기 품은 金世兼

노을에 물들어가는 할미
온 세상 얻은 듯
사랑으로 수놓아 간다

탁구

매주 토요일
찾아오는 행복이
새끼손가락 걸었지

날카로운 스매싱
잘 받아 우-와
실수해도 우-와

부드럽고 강한 볼
서로 주고받으며
인생 한 수 덤이다

웃음꽃 사랑 꽃
몽실몽실 피어나는
탁구장의 즐거움

기흥호수

용인 팔경을 자랑하는
기흥호수

자전거 페달 밟는 사람
느린 걸음 빠른 걸음

밍크털옷 눈길 끌며
앞서가는 푸들

따스한 햇살 아래
정겨운 오리가족
만찬 준비 바쁘다

서산에 붉은 접시
명심보감 펼칠 때까지
걷고 또 걷는다

수선화에게

세상 짐 너무 벅차
그대 모습 외면했지

어느 날

쳐진 어깨 어루만지며
미소 짓고 안겨오는
그대 앞에 멈춘 발길

티 없이 맑은 모습
향기 뿜는 사랑에
마른 가슴 적셨네

사랑아
떠나지 마
너를 닮아 살고 싶다

환경미화원

앞뒤 눈 부릅뜨고
껌뻑껌뻑 느린 걸음

새벽길 점령하는 트럭 한 대
미화원의 새벽이 열린다

알통 박힌 숫일개미
잡은 손 풀리면

과식한 배불뚝이
배구공처럼 날아 골인한다

내가 버린 쓰레기
양심을 저울질하며
미련 없이 떠난다

산책길

산책길에 줄지은
맥문동 아침 인사
정겨운 하루가 시작된다

길모퉁이 담장에 걸터앉아
기쁜 소식 전하는
큰 입 벌린 나팔꽃

멋진 발레 앞서가며
사랑 노래 뿌리는
춤추는 나비 정겹다

산책길이 방긋거리며
내 마음 따라 춤추는
행복한 아침이어라

사랑 울타리

세월의 무게만큼 거슬러 가면
사랑울타리 안에
내 어린 시절이 숨어 있다

누렁이들 소풍 보내고
가재 잡고 놀다가
소풀 망태기 꾹꾹 밟았지

서산마루 해 넘기 전
누렁이 찾아와 앞세우고
집으로 향하던 숫총각들

망태기 쳐진 어깨
초가집 사립문이 맞이하는
어린 시절 사랑울타리

울지 않는 꽃

내고향 꽃은 울지 않는다

흙냄새 풀 내음 맡으며
내고향 꽃은 울지 않는다

매연에 울고 있는 꽃들처럼
내고향 꽃은 울지 않는다

워낭소리 꼬끼오 소리 듣는
내고향 꽃은 울지 않는다

허기진 마음

새로운 것에
도전하고픈 마음
날갯짓을 하는데

편하게 살라고
날개 꺾는 자녀
배를 시리게 한다

맨발 걷기 둘레길
연꽃밭 벤치에
멍 때리고 앉는다

휘청거리는 갈대처럼
허기진 마음에
가로등 불빛이 안겨온다

월파정

병풍처럼 둘러싼 소나무 푸른솔
여유롭게 살라고 손짓하는
일산호수공원

팔각정 이마에
재잘대며 날아드는 참새들
봄소식 안고 모여든다

버킷리스트 하나 빗금 치며
월파정에 홀로 앉아
선비처럼 사색한다

햇살에 눈부신 애수교
인생은 혼자가 아니라고
친구처럼 달려오네

애인 같은 시집 한 권

애인 같은 시집 한 권
곁에 있으면 좋겠다
매일 눈 맞추고 마음 앉아 놀도록

애인 같은 시집 한 권
곁에 있으면 좋겠다
가슴 부풀어 설렘으로
행복에 겨웁도록

애인 같은 시집 한 권
곁에 있으면 좋겠다
사랑에 푹 빠져 정담 나누며
행복 바이러스 퍼내도록

애인 같은 시집 한 권
곁에 있으면 좋겠다
허전한 가슴 촉촉이 적셔
사랑 배달 하며 살고싶다

시험치는 날

콩닥거리는 가슴 달래며
들어서는 시험장

손자 같은 하루살이 친구들
어디서 재잘대다 왔는지

동그레진 눈 놀란가슴
노랑머리 빨강머리 니코틴 냄새…

부모 심정으로 기도하며
내가 수험생인 걸 깜빡 잊었다

무엇이, 누가
저 푸른 새싹들을
울리며 내 몰았는가

선비촌

조각조각 올라앉은
기와지붕 머리 위에
새벽 반달 미소짓는다

선비들 숨소리 품은 베게 깃
꿀잠 자고 일어난 선비촌
꿈에서도 경 읽는 소리 들린다

죽담 딛고 흙 마당 지나
해우소와 세면장이 있는 곳
함께한 문인들 불평하는 이 없다

선비들 흰옷 입고
처연히 걷던 흙 마당
맨발 걷기 촉감에 뇌를 깨운다

선비촌에서 맞이하는 첫날
뻐꾸기 자명종처럼 울어대며
새벽이 일어선다

소풍

아침햇살 세수하고 등불 밝히면
오늘도 시곗줄 잡고 소풍 길 나섭니다
오라는 곳 손짓하고 가야 할 곳 있는
소풍은 마냥 즐겁습니다
어디로 가야 할지
향방 없는 날도 있습니다
안개구름 비바람 덮쳐 희미한 날엔
내일의 태양을 기다립니다
허물없이 예기할 친구
꽃길 정원 걷는 날은
마음도 맑음입니다
때로 무거운 사람
어찌하겠습니까
그래도 함께 가야 합니다
희로애락 길 위에 날마다
소풍 떠나는 사람들

새벽이 좋다

수양버들 긴 팔 벌려
반기는 돌담 아래

입 열기 시작하는
수련이 인사하고

맑은 공기 친구 되는
새벽이 좋다

세수하러 나온
구름이 인사하고

큰 입 벌린 나팔꽃
기쁜 소식 전해오는
새벽이 좋다

지우개

말랑하고 보드라운
엄마 젖가슴 같은 촉감
남쪽 나라 이야기 들려온다

힘센 아저씨 팔뚝
힘줄 붉힐 때마다
울음 토하며 쓰러졌지!

지워야 할 것 너무 많아
나를 찾아
먼 먼 길 달려왔구나

고마운 지우개야
외롭고 고달팠던 일일랑
아낌없이 지워다오

와송정

충남의 알프스
오서산 자락 아래
평택임씨 고택
학처럼 앉아 있다

글 읽는 소리 엿듣느라
등 굽어진 소나무
한 번 누우면
일어설 줄 모르는가

청운의 꿈 꾸며
눈망울 반짝이던 학동들

천자문 읽는 소리
문구멍 속에서 들려온다

산천은 변해도
400년 역사의 숨결
가슴으로 떨려오는
와송정

누마루에 올라앉아

시 한 수 읊조리니
졸고 있던 낮달이
와송 선비 모셔오네

울지마라 아가야

울지마라 아가야
달래줄 엄마가 없구나
강해야 쑥쑥 커서
엄마 만나 같이 살지

돌부리 걸리지 마라
넘어져도 일어나거라
너희 남매 흘린 눈물
엄마 눈에 피눈물이다

여린 두 잎 남겨놓고
돌아오지 않는 아빠
엄마마저 떠난 빈 둥지
바람 소리뿐이구나

내 자식 외면한 채
남의 손자 돌보며
찢어진 가슴
강물 되어 흐른다

남매끼리 손잡고
초등입학 하던 날
얼마나 울었을까

별들에게 소식 들으며
가슴 뜯던 시간
엄마 품에 안길 날 돌아 올거야

잘 커 주어 고맙다
넘어지지 않아 고맙다
토닥이며 달래줄게

밝은 날 희미했던 지난날
짙은 안개 걷어내고
봄을 맞이하였구나

엄마 품에 안겨준 손자 셋
활짝 핀 꽃송이들
옥구슬 되어 빛나리라

윈도서핑

호반에 바람 불면
큰 나비 날아들어
곡예 하며 줄잡는다

심술부리는 바람 앞에
넘어졌다 일어났다
둘레길 걷는 이들
숨죽이며 멈춰선다

넘어져도 다시 일어서는
이것이 인생이던가

울적한 날

마음이 울적하다
하늘 찌푸리고 인상 쓰는 날
우산 없이 나간다

비라도 뿌려주고
눈이라도 덮어주면 좋겠다

누가 시비라도 걸어주면
더 좋겠다

욕이라도 한 번
실컷 해 볼란다

동트는 아침

호반에 춤추는 윤슬 위로
사랑이 동터오는 아침
정다운 오리가족 소풍길 떠난다

인생 뭐 별거드냐
오늘도 소풍처럼 즐기며
마음열고
지갑열어
그러려니하며살자

미련없이
후회없이
남김없이
윌리엄캐리처럼

■ 시집 해설

자성自省과 삶의 진실성을 통한 서정시의 파노라마

김 전
(시인, 문학평론가)

1. 들머리

시를 쓰는 일은 자아를 찾아가는 길이다. 시를 창작하려면 자기 모습을 아낌없이 벗겨내야 한다. 여기에는 자신을 대중 앞에 내놓는 용기가 필요하다.

인간의 존엄은 걸어온 삶을 뒤돌아보고 반성의 기회를 가져보는 것이다. 이것은 인간만이 할 수 있는 일이고 아름다운 일이다.

이번에 상재되는 이복순 시인의 시집 『어찌 혼자 가나요?』는 평범한 삶 속에서 일어나는 이야기를 잔잔한 목소리로 속삭이듯 들려주고 있다.

감동과 공감을 주는 이 시집은 제1부, 「왜 진작 몰랐을까」 제2부, 「그날도 울었지」 제3부 「은행잎에 새긴 사연」 제4부, 「꽃사랑 눈」 제5부, 「울지 않는 꽃」으로 구성되어 있다.

작품 전반에 흐르는 서정은 섬세하고 독특한 이미지다. 개성적인 시적 언어로 차분하게 풀어나가는 솜씨가 만만치 않다.

주위의 자연에 눈길을 주며 그 자연과 하나 되어 리드미컬하게 풀어나가고 있다.

여기에는 삶의 애환이 함께 들어 있어 동시대를 살아가는 사람들에게 많은 것을 생각하게 하고 있다.

작품에 녹아있는 삶의 진실성은 지금까지 지나온 작가의 발자취다. 작품 한 편 한 편에서 울리는 자성의 목소리는 독자에게 잔잔한 울림으로 다가간다.

작가는 독실한 기독교인으로 오랫동안 교회에서 전도사직을 수행하며 차원 높은 삶을 살아왔다. 작가가 살아온 기독교적 가치가 이 시집 곳곳에 묻어 있다.

종교적 체험과 경험을 작품 속에 녹여내며 지내온 삶을 관조하는 자세가 이 시의 가치를 높이고 있다.

이 작품집을 내용별로 분류해 보면, 종교적 색채를 띤 작품과 일상에서 얻은 서정적 작품, 가족에 대한 그리움과 어린 시절의 추억이 시집을 알차게 꾸미고 있다.

평범하지 않은 삶을 살아온 작가는 누구보다도 열심히 성실하게 살아왔다. 이제 문학인으로 작품활동에 매진할 것이라 믿는다.

작품 밑바탕에 깔린 진실은 콩밭 매는 어머니와 모세 어머니를 등장시켜 더욱 한 차원 높이고 있다.

작품의 소재가 된 '콩 밭매는 어머니, 뻐꾸기 우는 밤'

등은 어린 시절의 추억을 불러와 고고한 향기로 거듭났다.

이복순 작가만의 독특한 매력으로 시를 끌고 가는 힘이 남다르다.

이복순 시인이 살아온 사유의 얼굴을 들여다보자. 체험을 바탕으로 메시지를 전하고 있다.

서정적인 작품이 주류를 이루고 있으며 자기 생각을 과감하게 드러내며 시적 미감을 높이고 있다.

산국(山菊)처럼 고고히 향기를 날리는 작품으로 들어가 그 향기에 취해보자.

2. 문학에 대한 사랑

시심에 젖어 뒤척이며
잠 못 이루는 밤

사색하는 몸부림에
산통은 더해가고

밤이슬 적시는 뻐꾸기는
왜 저리 울어 대는지

첫사랑 열정으로 걷는
문학의 길

고통 끝에 안겨 오는 새싹

뻐꾸기 우는 밤엔
시가 나온다
「뻐꾸기 우는 밤」 전문

창작의 고통을 뻐꾸기라는 상관물을 내세워 시적 가치를 드러냈다.

시 한 편을 창작하기 위해 고뇌하는 모습이 선명하게 드러나 있다. 시 한 편을 낳는 것은 한 생명을 낳는 것이다. 산통을 겪고 옥동자가 나오듯이 시 또한 이런 고통이 따른다.

뻐꾸기가 등장하여 밤새도록 응원하고 있다. 뻐꾸기 우는 밤엔 시가 나온다고 하였다. 인간과 새의 인과 관계를 잘 나타내었다.

새로운 의미를 만들어 내는 것이 시인의 몫이다. 호흡이 짧지만 깔끔한 작품이다.

시각적 이미지와 청각적 이미지가 어우러져서 아름다운 장면을 묘사하고 있다. 사유가 깊은 작품이다.

고통 끝에 안겨 오는 새싹은 시를 가리키는 것이라고 본다. 새싹은 깨끗하고 상큼한 이미지를 나타낸다.

이복순 시인은 한 편의 시를 건지기 위해 사색과 산책을 하면서 부단히 노력하고 있다. 시를 창작하며 시와 더불어 살아가는 삶은 시인이 바라는 행복한 삶이다.

문학 사랑에
흥건히 젖어 버린
내 마음의 숲
왜 진작 몰랐을까

이 아름다운 이름을
새들도 노래하는 숲속에서
사랑에 빠져들고 있었다

푸르름 단장하고 손짓하는
일자산 언저리에
보물을 찾고 있는
문인들의 언어예술

사계절을 업고 앉은
인간 만사 절묘함이
빨랫줄을 타고 앉아
감성을 낚기 시작했다

시 낭송에 빠져드는 순간
처음 느껴보는 야릇함
첫사랑 감정이 밀려온다

음률에 실려 오는
바람 소리 새소리
초록 잎새들의 속삭임

문학 사랑에
흥건히 젖어 버린
내 마음의 숲
「왜 진작 몰랐을까」 전문

한국 국보문인협회는 일자산에서 해마다 두 번씩 시화전도 하고 『내 마음의 숲』 동인지 출판기념회와 시낭송회도 열고 있다.

시화전에 참여한 시들이 온 산을 둘러싸고 시심을 불태운다. 거기에 시낭송회까지 열리고 있으니 더 바랄 게 없다.

낭랑한 시의 음률이 일자산에 울려 퍼지면 국보 문학인들은 시선詩仙의 경지를 경험하게 된다. 시 낭송을 통하여 몸과 마음이 힐링 되고, 동인끼리 두터운 정도 나눌 수 있으니, 이보다 더한 즐거움이 또 있을까?

작가는 이 행사에 참여한 기쁨을 시로 나타냈다. 재미있는 문학 행사가 파노라마처럼 펼쳐진 그때의 모습이 선하게 다가온다.

'사계절을 업고 앉은/ 인간 만사 절묘함이/ 빨랫줄을 타고 앉아'는 시화전 장면이다. 절묘한 낯설기 기법의 표현이다.

이는 시화를 적은 현수막들이 온 산을 배경으로 걸려 있는 모습을 빨랫줄을 타고 앉았다고 표현했다. 비유법의 진수를 보여준다.

시 낭송, 바람 소리, 새소리, 초록 잎새들의 속삭임은 일자산 분위기를 나타내고 있다.

여러 가지 감각적 이미지를 통하여 시의 완성도를 높이고 있다.

시는 묘사와 느낌으로 이루어진다. 자신의 감정을 절제하면서 환상적인 분위기를 잘 연출하였다.

3. 가족에 대한 사랑

햇살은 일찍 내려와
풀잎에 앉아 놀고

흰 수건 쓰시고
콩밭 고랑 헤집으며
5남매 걱정 뜯으시던 어머니

콩 이파리 사이
파란 바람 일렁이며
엄마 땀내 달려온다

밭둑 뭉개고 다니며
식물 채집하던 어린 막내
자연 한 자락이 웃는다

살랑거리는 콩 이파리 사이
엄마 모습 보이는 것 같아
까치발을 세웁니다

「콩밭 매는 어머니」 전문

어머니의 사랑을 나타낸 작품이다. 동시대의 사람들은 이 작품을 보면 공감하리라 본다.

옛날에는 너나 할 것 없이 가난했다. 그러나 인정이 넘치던 시절이었다. 어머니의 콩밭 매는 모습을 낯설기 기법으로 이렇게 나타내었다.

콩밭 고랑 헤집으며/5남매 걱정 뜯으시던 어머니, '살랑 거리는 콩 이파리 사이/

엄마 모습 보이는 것 같아/ 까치발을 세웁니다.'

개성적인 묘사다. 좋은 시는 남과 달라야 한다. 이런 묘사를 보면 작가의 개성이 두드러짐을 알 수 있다. 다른 사람과의 차별성이 확연히 나타난다.

어머니 사랑을 나타내기 위하여 어머니가 콩밭에 있는 풀을 뜯는 모습을 5남매 걱정을 뜯는다고 하였다. 엄마가 보고 싶어 까치발을 세운다고도 하였다.

시는 에둘러 묘사해야 한다는 관점에서 성공적이라고 할 수 있다.

존재에 대한 깊은 성찰과 언어를 세공하는 섬세한 내공이 이 작품을 드러내고 있다. 작가는 고정된 틀에 얽매이지 않고, 대상과 자신을 아우르며 한 편의 시로 마무리했다.

목화솜 이불 싣고
산 넘어 시집가는 날

십 리길 따라가며
울며 보챘지!

업어 주고 달래주던
엄마 닮은 울 언니

팔십 년 세월
달팽이 등에 깊은 주름살

바람 소리 천둥소리
얼마나 들었을까

보고 또 봐도
그리운 울 언니

엄마가 그리워진다
「시집가는 울 언니」

시집간 언니를 그리는 마음이 절절하다. 나이 차이가 많았던 언니가 작가를 업어 주며 엄마를 대신했다.

지금은 이해하기 어렵겠지만, 여러 남매의 맏딸은 엄마를 대신해 동생들을 길러냈다.

그때 그 언니가 그리운 것이다. 이제 80 고개를 넘은 언니는 어머니처럼 주름살이 달팽이 등 같다.

언니는 엄마가 되고 언니와 엄마는 하나가 되어 그리움이 된다.

경험에서 우러난 작품은 독자에게 감동을 주기에 안성

맞춤이다. 언니가 시집가서 살아온 시련과 고난을 나타내었다. 비유적 이미지로 '팔십 년 세월/달팽이 등에 깊은 주름살/바람 소리 천둥소리/ 얼마나 들었을까'에서 내면의 파동을 잔잔하게 정화하는 단계를 그쳐 안정의 단계에 이르고 있다.

마지막 연에서 그리운 언니가 어머니로 치환된다. 어머니의 모습이 언니의 모습이고 언니의 모습이 어머니의 모습이 된다.

시는 느낌의 묘사다. 작가는 자신의 진솔한 느낌을 남다른 비유법으로 독자들에게 전달하고 있다. 독자에게 쉽게 와 닿아 공감의 단계로 나가고 있다.

감자꽃 필 때는 어머니와
감자 캐던 생각 난다

연초록 잎 새싹 돋아
자주색 꽃피우며
미소 짓는 네 모습

주먹 같은 둥근 자식
줄줄이 숨겨놓고
능청 떨고 있었지

줄줄이 달고 오던
곳간 호미 던져놓고
잠드신 어머니

어머니 계신 그곳에도
자주색 감자꽃이
피고 있는지
「자주색 감자꽃」

감자꽃을 보며 감자 캐던 어머니를 생각한다.

어머니라는 존재는 자식들의 마음에 무게 중심이 되어 왔다. 어머니만 생각하면 어린 시절이 떠오르고 뒤이어 고향이 떠오른다.

작가들이 즐겨 소재로 삼는 어머니는 작품마다 작가마다 다른 색깔이다.

작가는 어머니가 농사지으며 고생하던 모습을 잊을 수 없다. 그 고생이 마음의 빚이 되어 문득문득 떠 오르고 있다.

오 남매 기르느라 고된 농사일 하던 어머니는 작가의 가슴에 화인으로 찍혀 있다.

콩밭을 매고, 감자 캐고….

오로지 자식을 위해 힘든 일도 마다하지 않았던 어머니를 생각하면 가슴 한구석이 아린다.

'주먹 같은 둥근 자식/줄줄이 숨겨놓고/능청 떨고 있었지' 멋진 표현이다.

감자가 땅속에 숨겨놓은 자식과 어머니가 애지중지 아끼던 자식이 하나가 된다.

주위에 있는 평범한 소재를 건져 올려 시적 장치 위에

올려놓고, 맛있는 요리라도 하듯 시를 끌고 간다. 대상과 교감을 통해 갈등을 극복하며 그만의 개성으로 순도 높은 시적 경지로 나가고 있다.

자주색 감자와 어머니의 자식 사랑을 시의 흐름 속에 은근슬쩍 감춰 두었다. 어머니의 자식 사랑이 한층 높은 단계로 나가고 있다.

그때 그 어머니는 지금은 부재중이다.

'어머니 계신 그곳에도/ 감자꽃이/ 피고 있는지'

어머니에 대한 그리움에 처연함이 느껴지며, 가슴 뭉클한 감동으로 다가온다.

4. 어린 시절의 추억

행복이 미소 짓던 날
뒷동산에 올라
풀피리 불며
진달래꽃 물들이던

친구야
개울물에
작은 발가락 꼼지락거리며
뛰는 가슴 숨겨놓고

같이 놀던 친구야
고향하늘 달리는
구름 한 점 바라보며

그 시절 생각나
친구 이름 불러본다

지금은 어느 하늘 아래서
손자 재롱 눈 맞추며
세월 더듬고 있는지

「친구」

뒷동산에 올라 풀피리 불던 고향 친구를 그리는 시의 밑바탕엔 아름다운 서정이 깔려있다.

이런 풍경도 머지않아 사라질 때가 올 것이다. 이제는 농촌 인심도 예전과는 많이 달라졌다. 젊은이들은 앞다투어 떠나가고 등 굽은 노인들만 남았다. 아름답던 농촌이 주인 없는 빈 둥지가 될 것을 생각하니 마음이 편치 않다.

진달래 따 먹고 풀피리 불며 개울물에 발 담그던 아름다운 풍경은 이제 전설 속으로 사라지려나?

아름다운 서정시의 진수를 보며 문득 이 모습을 고이 간직해야겠다는 사명감을 느낀다.

시인은 시대를 반영한다. 그 시대의 아름다운 환경을 그리며 뒤안길의 아픔을 찾아내는 게 시인의 임무가 아니겠나?

먼 훗날 고향 친구를 그리는 이런 시가 어떻게 비칠까? 이런 아름다운 농촌의 모습을 상상이나 할 수 있을까?

작가는 상상력을 바탕으로 연상법을 활용하여 처음부

터 끝까지 재미있고, 다정다감하게 작품을 끌고 가고 있다.

기억 속의 고향과 그때 그 친구를 현실로 불러내고 있다. 이제는 어린 시절의 친구도 할머니가 되어 손자 재롱이나 보고 세월을 더듬고 있지 않겠나? 마지막 연의 느낌은 애틋하면서도 아름답다.

> 배불러 못 묵겠다
> 그라머 묵지 마라
> 그래도 묵을란다
> 배부른데 와 묵노
> 엄마 생각 자꾸 나이 묵지
> 배부른데 엄마 생각난다고
> 꾸역꾸역 마시머
> 니 속이 우째 되겠노
> 우째 되긴 우째 되
> 죽기밖에 더하겠나
> 배 터져 죽으머
> 엄마한테 가겠지
> 나도 엄마 있는데 가머 되지 뭐
> 엄마 어딨는지 니 아나
> 그라 머 니느 아나
> 니 술 끊으머 갈채 주지
> 　　　　　　　　「훔친 사투리」

경상도 사투리가 시로 태어났다. 토속적인 냄새가 물

씬 풍긴다. 정겨운 느낌이 난다.

지금은 경상도 젊은이들도 이 사투리를 못 알아들을 수도 있겠다.

표준말만 배운 어린 세대들은 이해하기 힘들겠지만, 노년기로 접어든 독자라면 입가에 미소를 흘리며 읽어갈 것이다. 그때는 자주 쓰던 말이었으니까.

시의 내용도 재미있다. 엄마 생각이 나니, 그날을 생각하며 꾸역꾸역 많이 먹고 있다.

엄마에 대한 그리움을 독특하게 표현했다. 억지로 음식을 먹으며 반항하듯 볼멘소리하고 있다.

밥도 꾸역꾸역, 술도 꾸역꾸역, 먹고 마시며 자꾸 입속으로 밀어 넣는다. 먹다가 배가 불러 죽으면 먼저 떠난 엄마를 만날 수 있다고 했다.

엄마에 대한 그리움을 해학적인 기법으로 독특하게 풀어냈다. 여기엔 어머니에 대한 진한 그리움이 갈려 있다.

제목부터가 심상치 않다. 「훔친 사투리」라니!

사투리를 훔쳐 엄마에 대한 그리움을 나타낸 작가의 기지가 돋보인다.

해학적으로 풀어낸 이 시는 고통과 희생으로 자식을 사랑했던 어머니에 대한 깊은 갈구로 나타난다. 그 사랑을, 사투리를 훔쳐서까지 절실하게 나타냈다.

감정에 치우치지 않고, 담담하게 풀어내면서 어머니에 대한 그리움을 심도 있게 나타냈다.

사투리에는 우리 민족의 정서가 담겨 있다. 그러니 사

투리는 버릴 것이 아니라 연구하고 보존해야 할 가치가 있다. 문학에서 사투리를 사용하는 것은 조상들의 정신을 살리는 길이라 생각한다.

가난한 시골 소녀
정규과정 진학 못 한 야간 생도
한 맺힌 옹이 박힌 50여 년

고졸 검정고시 접수 마지막 날
울다 비웃다 달래다
교육청 문을 여네

기름치고 달래며
눈꺼풀 못 내리고
기출문제 붙들고 놓지 않았네

합격자발표 된날
시험 치던 긴장보다 떨리는 가슴
수험번호 1280
줄 서 있는 합격자명단

평생 안고 살아야 했던
옹이가 빠진 날
그날도 울었지

「그날도 울었지」 전문

작가의 경험에서 우러나온 작품이다. 평생교육이란 말

이 있듯이 끊임없이 공부하는 것은 좋은 일이다. 정규과정을 마치지 못한 한이 가슴에 못으로 걸려있었으리라.

시험공부를 하는 장면도 잘 묘사했다.

합격의 순간도 '줄 서 있는 합격자 명단/ 평생 안고 살아야 했던/ 옹이가 빠진 날/ 그날도 울었지.'

합격자명단에 자신의 이름이 있어 얼마나 좋았을까? 마지막 연에서 합격의 기쁨을 나타내었다.

평생 안고 살아야 했던 /옹이가 빠진 날/그날도 울었지

이 부분에서 독자도 함께 기쁨의 눈물을 흘렸을 것이다.

삶 자체가 시험이다. 산 하나를 넘으면 또 산이 있다. 어쩌면 시험 속에서 살아가는 것이 우리의 삶이 아닐까?.

화자는 기쁨을 은유적으로 잘 나타내었다. 가슴 속 옹이가 빠진 날 그 속울음이 지금도 들려오는 듯하다.

작가의 마음을 진솔하게 그리는 것이 좋은 작품이다. 가난의 터널에서 빠져나온 작가의 삶이 파노라마처럼 펼쳐진다.

지난날 공장에서 야간학교 다니는 학생, 강의록을 받아서 공부하는 학생, 검정고시를 준비하는 학생 등 학구열에 불탔던 학생들의 이야기는 아직도 미담으로 남아있다.

어려운 환경에 굴복하지 않고 자신과의 싸움에서 이기는 자만이 성공하는 것이 아닐까?

5. 자연에 대한 사랑

반곡지 풀 내음 고향에 데려놓고
인동초 미소 앞에 발걸음 멈춰설 때
입 다문 야생 딸기가 입을 열 때 오라네

왕버들 머리 감고 임 마중 채비하는
둘레길 발맞추는 예술인 경산 투어
한마음 꽃물들이며 사랑으로 번지네

닫혔던 역사 문화 말문이 열려지고
또다시 오고 싶은 반곡지 둘레길에
작가들 무거운 발길 언제 다시 오려나

「반곡지에서」 전문

이 작품은 정형시다. 3장, 6구, 12음보의 정격시조다. 첫째 수에서 반곡지의 풍경을 묘사하고 있다. '야생 딸기가 입을 열 때 오라네' 재미있는 묘사다. 의인법을 통하여 나타낸 표현이다.

반곡지에 가면 왕버들 잎들이 호수 속으로 내려가는 모습이 아름답다. 이 반곡지의 특징을 나타내고 있다.

셋째 수에서 경산 문화의 모습을 나타내었으며 작가들이 다시 오길 기다리는 마음을 진솔하게 나타내었다.

이 작품은 초장 중장에서 경치를 나타내었고, 종장에서 작가의 느낌을 나타내었다.

선경후정先景後情의 구조로 되어있다.

반곡지의 모습을 디테일하게 묘사하였다. 시조는 형식과 내용이 자연스럽게 어우러져야 한다. 그런 의미에서 이 작품은 시조의 멋과 맛을 나타내고 있다.

반곡지는 아름다운 호수다, 이 모습을 카메라에 담으려 사진작가가 붐비는 곳이다.

꽃길 정원 발맞추어
초대장 쓰며 걷는 사람들
가을을 씹고 있다

꽃향기 탐색하는 여린 잠자리
입맛 다시며 나풀나풀
꽃향기 실어 나른다

높은 하늘 이고
두레박 퍼 올리는
문인들의 서정

꽃물 들여가며
소풍 즐기는 사람들
낙동강이 웃고 흐른다

「하중도」

하중도는 대구의 팔달교 아래 금호강이 흐르면서 이루어진 작은 섬이다.

대구시에서 해마다 꽃 축제를 연다. 해바라기, 코스모스 등 여러 꽃이 전시된다.

다양한 모습을 보면서 즐기는 모습을 시적으로 나타내었다.

'가을을 씹고 있다.' 가을을 남김없이 즐기고 있다는 뜻이다.

하중도에서 자연을 즐기는 존재로 잠자리, 문인들, 사람들의 모습을 동적으로 나타내었다.

자연과 일체 되는 모습을 그리고 있다. 사람과 자연이 어우러져 한 폭의 그림이 되었다.

시인의 눈에 클로즈업된 모습을 낯설기 기법으로 나타내어 시적 미감을 높였다

'높은 하늘 이고/ 두레박 퍼 올리는/문인들의 서정'에서 개성적인 묘사가 돋보인다.

자신만의 목소리는 독자를 공감의 장으로 이끈다.

6. 기독교에 대한 사랑

내가 태어나던 날 사내아이 죽이라고
헤롯왕이 명령했네
어머니 치마폭 울음소리 너무 커서
강물에 던져졌네
가슴 깊이 스며든 엄마의 눈물방울
마지막 눈 맞추며 갈대 상자 덮였구나

정처 없이 흔들흔들
나일강 베개 삼아 떠내려가는 아기
백옥 같은 몸 강물에 적시던 공주
갈대 상자 뚜껑 열고 눈을 맞추네
헤어날 수 없는 첫사랑 같은 눈 맞춤
사랑에 빠지는구나!

갈대숲에 숨어보던 누나 미리암
쪼르르 달려가 유모를 데려왔지
누구였을까
강물에 던져버린 어머니였네
이해할 수 없는 하나님 섭리

젖꼭지 내어주며 내 민족 구원할 지도자
간절히 기도하던 여인
내 삶의 주인 되신 주님이 이끄셨네

이백만 명 출애굽 지칠 대로 지친 몸
물이 없다 물이 없다 원망 소리 빗발치네
반석을 쳐버린 순간의 혈기
느보산에 숨 거두며 두 손 모은 기도
아무도 알 수 없는 그곳에서
부활을 기다리고 있다

「모세」

출애굽 사건의 주인공인 모세 이야기를 작가는 시적 해석을 통해 밖으로 내놓았다. 깊은 성찰로 미래의 희망찬 메시지도 숨겨 놓았다.

유대민족의 지도자 모세는 태어나 어린 시절에 나일강 물에 던져졌다. 그때 이스라엘은 로마의 박해를 받고 있었다.

왕은 사내아이가 태어나면 모두 죽이라는 명령을 내린다. 모세의 어머니는 골방에서 몰래 아들을 기르게 됐다. 그러나 아이가 자람에 따라 울음소리를 숨길 수 없게 되자, 모세 어머니는 목숨 건 큰 결단을 하게 된다.

'이 아이를 나일강 물에 버리기로.'

마침 목욕 나왔던 공주가 이를 발견하고 상자를 여는 순간 아이의 눈과 마주쳤다.

공주는 아이를 아들로 삼으려고 궁중으로 데려가려 했다. 그때 모세의 누나 미리암이 자기 어머니를 유모로 추천했다.

모세는 친어머니 젖을 먹으며 자라게 됐다. 어머니는 모세에게 유대민족의 고난과 이들을 구해야 할 사명이 있음을 알린다.

이래서 출애굽 사건이 일어난 것이다. 모세는 이스라엘 민족을 이끌고 고생 끝에 드디어 가아난 땅 지금의 이스라엘 땅에 들어오게 됐다.

작가의 신실한 믿음이 모세의 출애굽 사건을 시로 나타냈다. 주님 인도하심을 시인의 목소리로 담담하게 전하고 있다.

모세 어머니의 결단과 모세의 지도자적 자질을 대하며 거짓말 같은 진실과 마주하게 된다.

나라 형편이 어려우니 더욱 모세 같은 지도자가 그립다. 또 모세 어머니 같은 어머니가 절실히 필요함을 느낀다.

깊은 성찰에서 온 한 편의 성시를 보면서 화자의 시선을 따라가 보았다.

시간을 줄다리기하며
하루라는 선물을 안고
강물처럼 흘러가는 길
만삭된 몸 비틀며
앞서가는 시곗바늘은
도돌이표 하나 없이
따라오라 손짓합니다
오는가 싶더니 야속하게 가버린
봄, 여름 푸른 계절
나의 시간은
물레방아처럼 돌아갑니다
가시밭길 헤쳐내며
비바람 불어도 가야 하고
웃고 울며 가야 할 길
빛바랜 벤치에 홀로 앉아
어설픈 미소 한 줌 얹어놓고
다림줄을 늘여봅니다
가녀린 몸 버티며
홀로 맞이하는 낙엽의 계절
이정표 찾아 나선 진리의 목마름
얼마를 더 가야 이 길의 끝인가?

혼자서는 갈 수 없어
주님 손을 잡았습니다
「어찌 혼자 가나요」 전문

늦가을과 같은 인생길에서 걸어온 길을 돌아보니, 가시밭길 헤쳐왔던 발자국이 저만치 따라오고 있다.

빛바랜 벤치에 홀로 앉아/ 어설픈 미소 한 줌 얹어놓고/다림줄을 늘여 봅니다.'

가녀린 몸 버티며 혼자서 애쓰며 걸어왔던 길을 회상한다. 이정표 따라 진리를 쫓아왔지만, 아직도 갈 길은 멀다. 절박한 외로움이 닥칠 때마다 작가는 주님 손을 잡는다.

혼자서는 도저히 갈 수 없으니, 주님과 같이 가겠다고 다지고 있다.

마음을 잡지 못하는 화자의 내면은 한마디로 규정할 수 없는 혼돈이었다. 화자 내면을 따라 깊숙이 들어가 보면, 저 먼 곳에 구세주 주님이 기다리고 있었다. 마지막 부분은 주님 손잡고 안도하는 모습으로 끝을 맺었다.

이 작품은 표제작이다. 기독교의 철학을 배경으로 살아가고 있다는 것을 알 수 있다.

눈물 닦아주는 이 없어
아파도 울지 못했습니다
기댈 곳 없는 오뚝이 인생

두 손 모아 기도하는 새벽
따스한 손 잡아 주시며
나직이 속삭여 주셨지요
주님 흘리신 보혈 안에서
사랑의 손에 붙들린 축복
허물이 벗겨지는 순간
눈물지으며 다짐하는 마음
아름다운 정원 가꾸어 가며
향기 되어 살고 싶습니다

「새벽기도」

작가의 시 속에는 하나님을 향한 믿음이 짙게 배어 있다. 기댈 곳 없어 외로울 때 새벽을 깨우며 기도로 하루를 연다.

이른 새벽 고요히 잠든 시간에 작가는 교회에서 무릎을 꿇었다. 참회의 눈물과 간구로 주님께 엎드렸으리라.

삶의 체험에서 우러나온 진실을 주님과 동행하며 극복해 나간다. 새벽을 깨우며 새벽 기도로 하루를 열었던 정화된 삶은 작가를 끌고 온 원동력이 아닐까?

기도로 흘린 눈물만큼 높은 차원의 삶을 살아가는 작가의 마음이 보인다.

아름다운 모습으로 비치는 마지막 행 '아름다운 정원 가꾸어 가며/향기 되어 살고 싶습니다.' 라는 작가의 다짐이 심금을 울린다.

눈물, 오뚝이, 인생, 기도, 축복, 향기로 이어지고 있다. 시련의 극복 그리고 축복으로 이어지고 있음을 볼 수 있다. 오로지 기도로서 모든 것이 이루어졌음을 알리고 있다. 믿음 속에서 살아가는 작가의 모습이 오롯이 나타난다.

8. 마무리

이복순 시인의 첫 시집 『어찌 혼자 가나요』는 살아온 체험을 바탕으로 창작된 작품집이기 때문에 공감이 가는 작품집이다.

시인으로 고뇌하면서 창작하는 모습이 떠오른다. 어려운 환경 속에서 인동초처럼 꿋꿋하게 살아온 점이 잘 나타나 있다.

흔들리지 않는 주관적인 삶이 돋보인다.

가장 핵심적인 것은, 기독교 신앙으로 살아오면서 주님과 동행하는 데 초점을 맞추고 있다.

이 작품집의 특징은 '문학에 대한 사랑', '가족에 대한 사랑' '어린 시절의 추억 ' 자연에 대한 사랑' '기독교에 대한 사랑'이 기둥으로 놓여있다.

좋은 시는 다른 사람의 작품과 달라야 한다. 달라지기 위해서는 관념의 틀을 깨뜨려야 한다. 관념의 틀을 깨뜨리려면 자신만의 목소리가 나와야 한다.

이런 의미에서 이복순의 작품은 순수하고 독특하다. 깊은 산골에서 흘러나오는 샘물과 같다.

적절한 비유와 상징이 뒷받침하고 있으며, 삶 자체를 문학으로 승화시켜 놓았다.

아침마다 남매지를 돌면서 사유 깊은 작품을 건져 올리는 그의 모습에서 엄숙함이 보인다.

그는 소외된 사람을 위하여 걱정하면서 사랑의 길을 찾고 있다.

첫 시집 『어찌 혼자 가나요.』가 독자에게 사랑받는 시집이 되길 바란다.

그의 첫 작품집을 축하하며 두 번째 시집을 기다린다.

■ 평론

다은 이복순 시인의 '은행잎에 새긴 사연'에 대한 평론가의 시선

청람 김왕식
(문학평론가)

다은 이복순 시인은 참으로 곱고 섬세한 성품을 지닌 작가이다

다은 시인의 '은행잎에 새긴 사연'은 깊은 감성과 서정성을 바탕으로 인간의 추억과 그리움을 은유적으로 담아낸 작품이다.

"노란 카펫 위로 녹색 점퍼에 손을 찌른 채 홀로 걷는 여인"

첫 번째 연은 고독한 여인의 모습을 그리고 있다. '노란 카펫'은 가을의 은행잎을, '녹색 점퍼'는 여인의 외로움을 상징한다. 이는 자연의 색채와 인간의 감정이 대비되는 장면을 통해 독자에게 강렬한 이미지를 제공한다.

홀로 걷는 여인의 모습은 독자에게 그녀의 고독과 쓸쓸함을 생생하게 전달하며, 이는 곧 추억과 그리움으로 이어진다.

"추억 한 자락 펼쳐놓고 그리움 밟고 간다"

두 번째 연에서는 여인이 과거의 추억을 떠올리며 그리움을 느끼는 장면을 묘사한다. '추억 한 자락 펼쳐놓고'라는 표현은 그녀가 기억을 되새기는 모습을, '그리움 밟고 간다'는 그녀가 그리움을 품고 살아가는 모습을 형상화한다. 이 연은 독자에게 과거와 현재가 교차라는 순간의 감정을 전달하며, 여인의 내면세계를 깊이 있게 보여준다.

"미운정 고운정 가슴에 묻고 사는 잊어야 할 시간들"
세 번째 연에서는 여인의 복잡한 감정을 드러낸다. '미운 정 고운 정은 사랑과 미움, 애증의 감정을 의미하며, 이는 그녀가 가슴속에 묻어둔 채 살아가는 '잊어야 할 시간들' 로 이어진다. 이 부분은 인간관계의 복잡성을 보여주며, 동시에 잊을 수 없는 기억들을 표현하고 있다.

이는 독자에게 깊은 공감을 불러일으키며, 그녀의 고통을 이해하게 한다.

"외로이 내려앉는 은행 이파리 등위에 슬픈 사연 타고 내린다" 네 번째 연에서는 은행잎 위에 내려앉는 슬픈 사연을 묘사한다. '외로이 내려앉는 은행 이파리'는 고독한 감정을, 슬픈 사연 타고 내린다'는 그녀의 슬픈 이야기를 상징한다. 이는 독자에게 자연과 인간 감정의 조화를 통

해 슬픔의 깊이를 전달하며, 은유적인 표현을 통해 감정을 극대화한다

"썼다 지우고 지웠다 다시 쓰는 아픈 추억" 다섯 번째 연에서는 기억을 반복적으로 떠올리고 지우는 과정을 묘사한다. '썼다 지우고, 지웠다 다시 쓰는 행위는 그녀가 고통스러운 기억을 잊으려 애쓰지만 결국 다시 떠올리게 되는 모습을 그려낸다. 이는 인간의 기억와 감정이 얼마나 고통스러운지 보여주며, 독자에게 깊은 인상을 남긴다.

"은행잎에 내려앉는 사연 바람들에 엎여 보낸다" 마지막 연, 은행잎에 내려앉은 사염을 바람에 실어 보내는 장면은 이 작품의 압권이다. 이는 그녀가 고통스러운 기억을 자연에 맡기고 흘려보내는 모습을 상징하며, 독자에게 일종의 해방감을 준다. 이러한 표현은 독자에게 감정의 정화와 치유를 암시하며, 시의 마무리를 장식한다.

다은 시인은 이 시를 통해 인간의 추억과 그리움, 고통스러운 기억을 자연스럽게 풀어내고자 한다. 그녀는 독자에게 감정의 깊이를 이해시키며, 자연 속에서 감정을 치유할 수 있음을 암시한다.

요컨대, 다은 시인의 '은행잎에 새긴 사연'은 자연을 배경으로 인간의 복잡한 감정을 섬세하게 표현한 작품이다.

시인의 고독과 슬픔, 그리움이 자연 속에서 녹아들며, 독자에게 깊은 감동을 준다.

이러한 점에서 이 시는 단순한 감정 표현을 넘어, 인간과 자연의 상호작용을 통해 감정의 깊이를 탐구한 점에 수작秀作이라 할 수 있다.

어찌 혼자 가나요

초판 인쇄   2024년 12월 10일
초판 발행   2024년 12월 13일

지은이 이복순
발행인 임수홍
편 집 맹신형

발행처 도서출판 국보
주 소 서울 강동구 양재대로 114길 32 2층
전 화 02-476-2757~8   FAX 02-475-2759
카 페 http://cafe.daum.net/lsh19577
E-mail kbmh11@hanmail.net

값 13,000원

ISBN   979-11-89214-89-0

· 저자와의 협약에 의해 인지는 생략합니다.
· 이 시집의 글은 저작권법에 따라 보호를 받는 저작물이므로 저자와
  출판사의 동의 없이는 무단 전재 및 무단 복제를 금합니다.

· 잘못된 책은 바꾸어드립니다.